아이가 태어나면
프랑스식 육아의 선구자 돌토 박사의 라디오 상담

L'Onde Dolto
Originally published in French under the following title:
L'Onde Dolto, volumes 1 & 2, by Séverine Vidal, Alicia Jaraba and
Catherine Dolto, based on « Lorsque l'enfant parait de Françoise Dolto »
© Editions Seuil – Delcourt – 2019/2020
Korean translation © Shinbooks, 2021

This Korean Translation edition was
published by arrangement with EDITIONS DELCOURT, GROUPE DELCOURT

아이가 태어나면
프랑스식 육아의 선구자 돌토 박사의 라디오 상담

세브린 비달 글 · 알리시아 하라바 그림 · 카트린 돌토 해설 · 권지현 옮김

신북스

텔리오, 니농, 팡틴과 부모님에게
세브린 비달

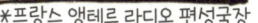

가을

저명한 정신분석학자였던 프랑수아즈 돌토는
1976년 10월에서 1978년 10월까지 자녀 교육 프로그램에 출연했다.
프로그램은 첫 방송부터 큰 성공을 거두었고,
방송국에는 청취자들의 사연이 적힌 편지가 매주 수십 통씩 도착했다.

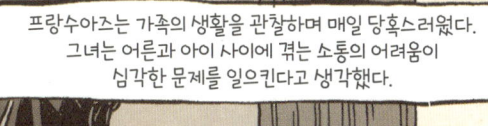

프랑수아즈 돌토는 부모나 기관이 데려온 아이들을 진료하면서 아이들이 정말 상담을 받으러 오고 싶어 하는지 알고자 했다. 그래서 상징적인 진료비(돌멩이, 조개껍데기, 동전, 그림, 구슬 등)를 가져오라고 아이들에게 부탁했다. 그것은 그녀와 다시 만나겠다는 아이들의 약속이었다. -카트린 돌토

그게 아기를 우리 세계로 받아들이는 방법이에요.

아기가 아니라 미래의 어른으로서 말이죠.

물론 어르기도 해야죠. 하지만 아기 안에 있는 미래의 어른을 존중해야 해요.

아기도 인간이고 언어를 사용하는 존재니까요.

겨울

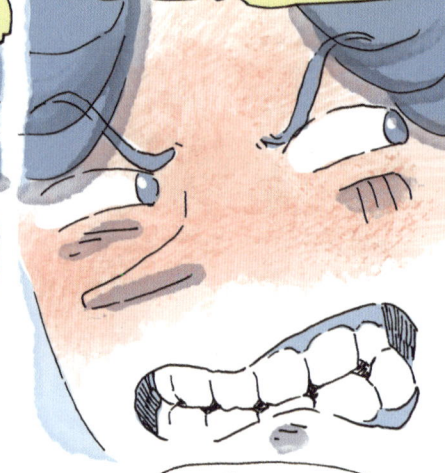

프랑스에서는 2019년 구월 2일에 '훈육을 위한 폭력' 금지 법안이 통과되었다.

온종일 머리를 짜내야 애가 말을 들어요. 몇 달 전부터 싫다고 대답하는 게 점점 더 심해졌어요.
엄마 말을 따라야 하는 줄 알던 아이의 심리가 바뀌는 거예요. 아기였을 때는 엄마와 자신이 하나였죠.
지금은 나와 타인을 구분하는 때예요.
싫다고 말하는 이 시기가 엄마의 이해가 더해지면 아주 긍정적인 시기가 됩니다.
긍정적이라고요? 어떻게요?
'싫어요'가 '예'라는 긍정의 표시거든요.
"싫지만 엄마가 시키니까 그래도 할 거예요." 라는 뜻이에요.
엄마가 "아빠도 엄마랑 똑같이 말했을 거야."라고 가르쳐주면 좋아요. 조금 기다리면 아이가 지시를 따를 거예요.
아이는 어른이 시키는 대로 하고 싶지 않은 것뿐이에요.
이렇게 말하고 싶은 거죠.
"나는…."이라고요.

*프랑스 정형외과 물리치료학 협회

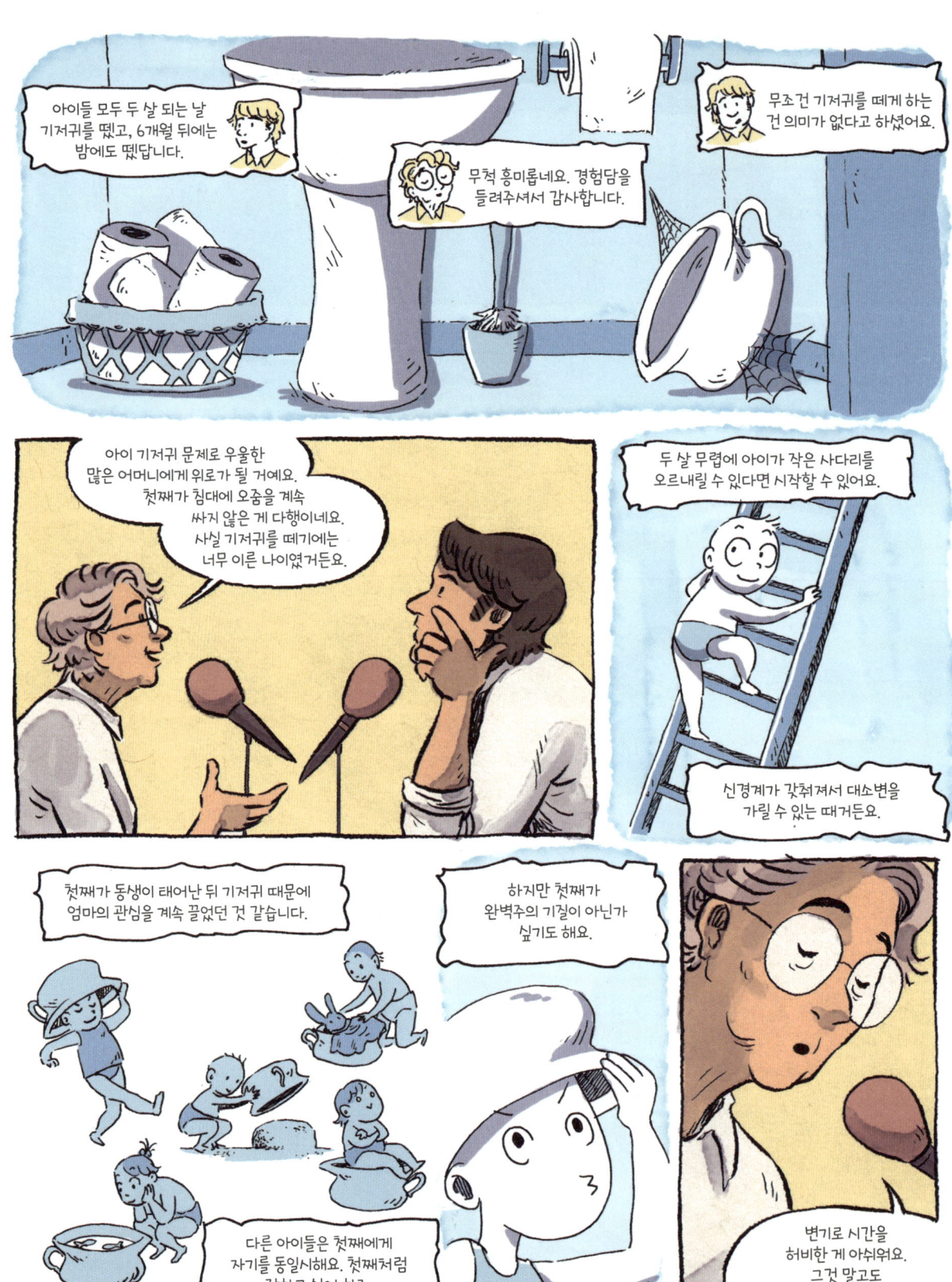

어렸을 때 엄마가 환자를 보고 있으면 내가 진료실 앞에서 기다렸대요.

혼자 잘 놀다가

기다리다 지치면 그대로 바닥에서 잠들곤 했어요.

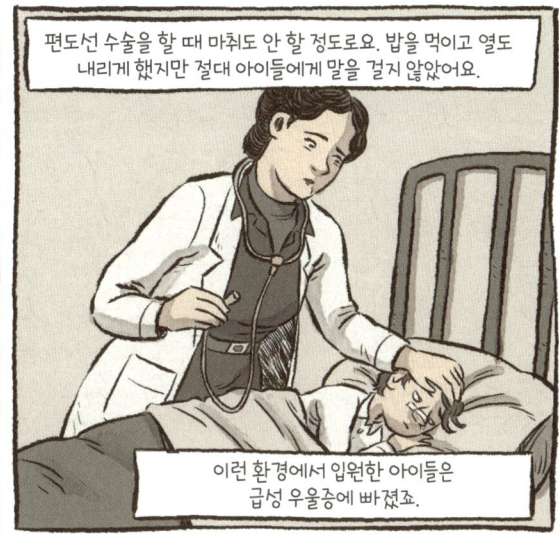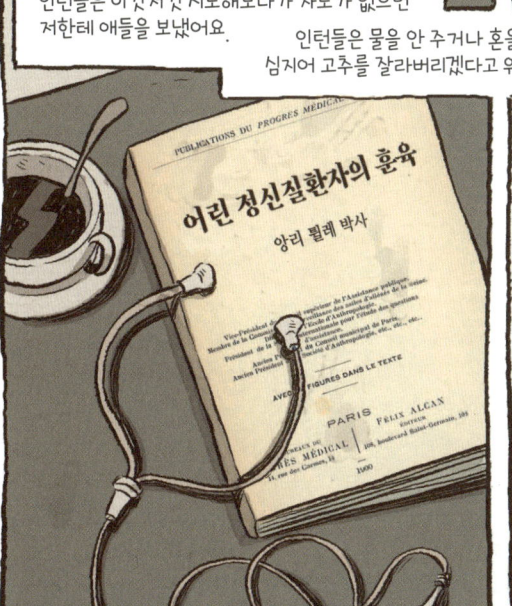

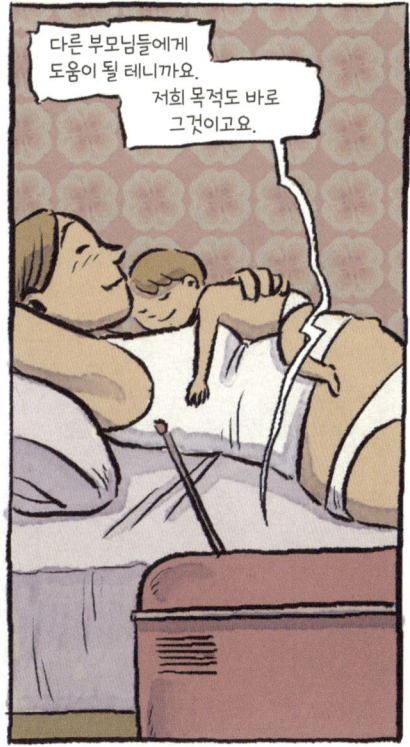

1977년 봄

부모는 아이가 최대한 능력을 발휘할 수 있기를 바라죠. 예술가가 되기를 원할 수도 있고요.

아홉 살, 일곱 살, 여섯 살 딸을 둔 어머니 사연입니다. 첫째와 막내가 그림에 탁월한 재능을 보인다고 하네요.

첫째는 18개월에 그림을 그리기 시작했는데 항상 똑같은 걸 그린다고 해요.

예쁜 자수와 기하학적인 무늬가 있는 긴 드레스를 입은 공주와 요정만 그린답니다.

학교 성적은 중간 정도고요.

막내는 색칠을 화려하게 한다고 해요. 현실과는 다른 색을 쓰고요.

아이들 그림에 무슨 뜻이 있을까요? 그러니까 아이들 그림을 보고 뭔가를 말해 줘야 할까요?

그러지 마세요. 아이의 관심은 자기 그림에 대해 떠드는 것입니다. 보여주지 않아도 대수롭지 않게 여기세요. 그림을 보여주면 성의 없이 답하지 마시고요.

무슨 그림인지, 무슨 이야기가 들어 있는지 물어봐야 합니다.

이건 뭐야?

와, 잘 그렸네. 멋지다.

태양이 잡아먹을까 봐 아기 파리를 보호하는 엄마 파리야.

그렇구나. 설명을 들으니까 알겠네.

140

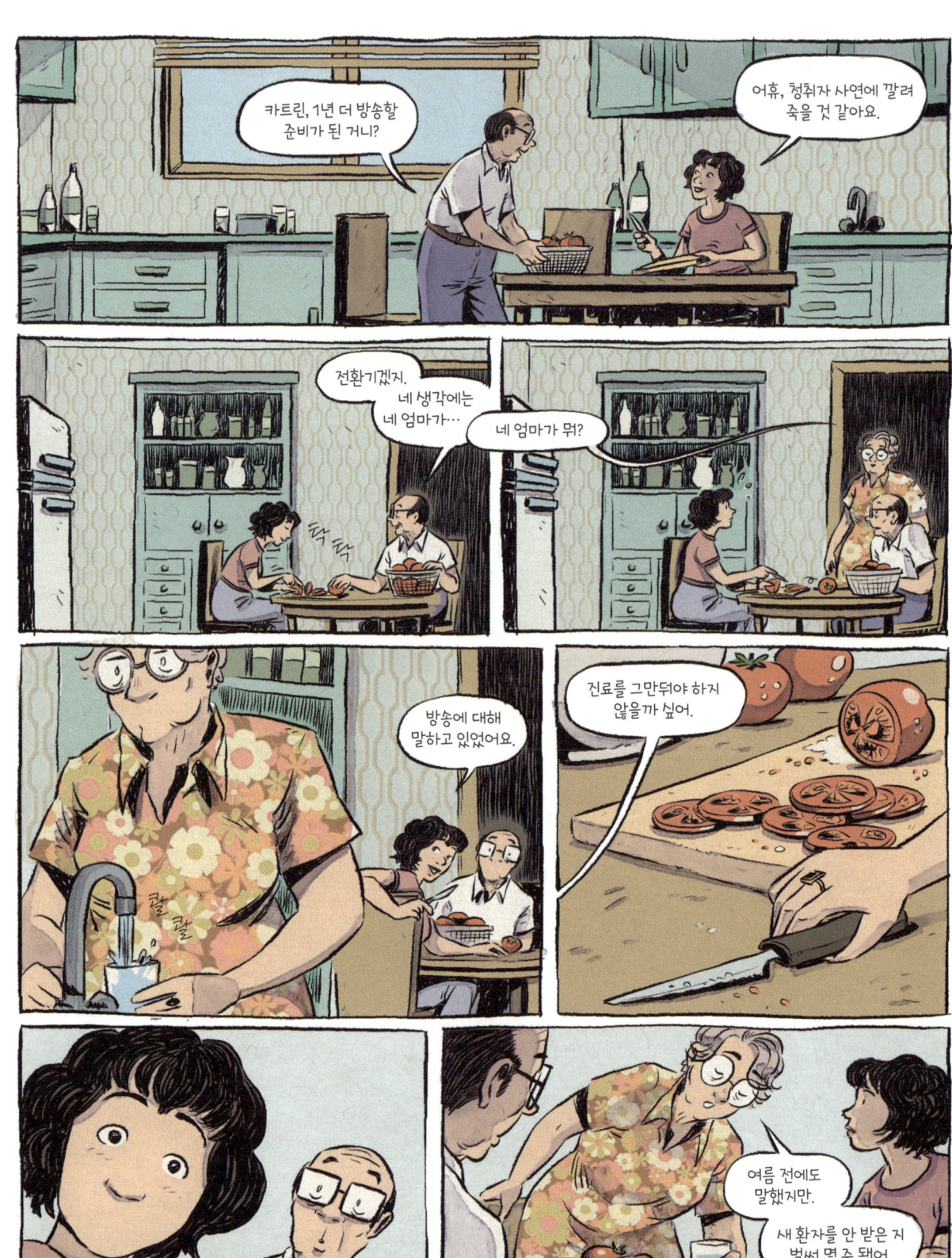

음악 교육은 아주 어렸을 때부터 시작할 수 있습니다.
2개월에도 가능하고, 배 속에 있을 때도 가능하지요. 집시들은 그렇게 합니다.

임신한 여성이나 갓난아기의 요람 옆에서
악기를 연주하지요.

가을

겨울

오늘은 중요한 주제를 다룹니다.
다운증후군이 있는 열한 살 아들을 둔 어머니가
장애 아동에 대해 다뤄달라고 하셨어요.

장애 아동이 어엿한 사회 구성원으로
받아들여지도록 부모들이 무척 힘든 싸움을
하고 있습니다.

다운증후군을 앓는 아이들은 특징이 비슷해요. 공격적이지 않고 감성이 풍부하며 타인과의 관계에 매우 민감하지요.

그래서 자기를 좋아하지 않는다는 생각이 들면 더 괴로워합니다.

다른 아이들은 가족 밖에서, 예를 들면 친구들을 사귀면서
모자란 부분을 채울 수 있지만 이 아이들은 그러기가 힘들어요.

부모, 형제자매,
조부모가 관계의
중심이죠.

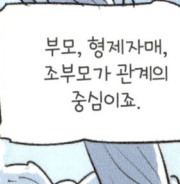

그런 아이들의
풍부한 감수성과 착한 심성을
부모들이 잘 모를 때도 많아서
안타까워요.

장애 아동도
어떤 방면에서는 똑똑합니다.
자폐 아동도 뛰어난 지능을
가지고 있고 감각도 예민해요.

뛰어난 청각, 촉각, 시각,
미각, 미적 감각 등을
깨워줘야 합니다.

진통이 시작될 때 창문으로 날아 들어온 나비가 내 손에 앉았단다.

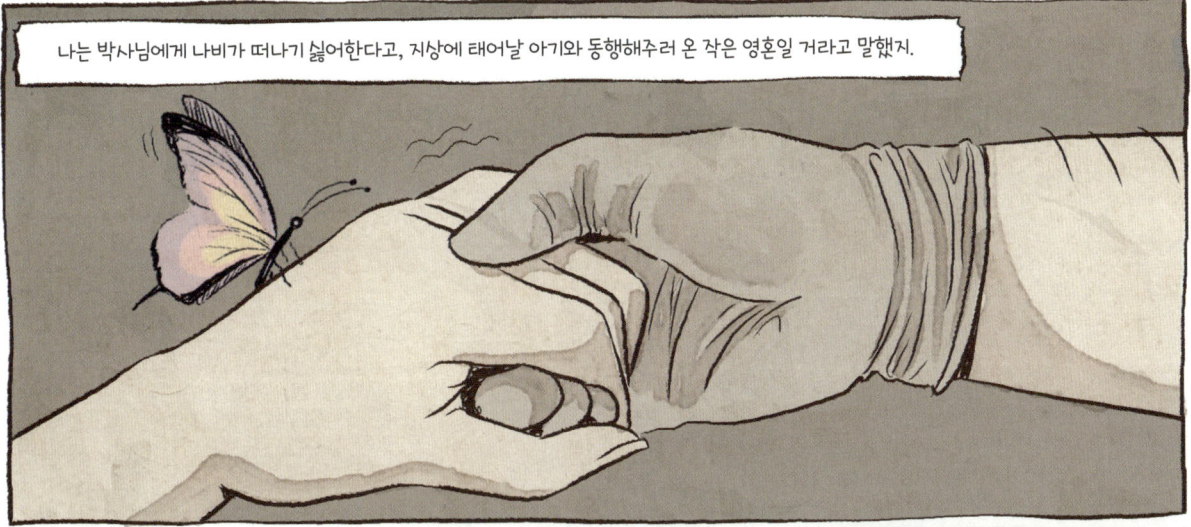

나는 박사님에게 나비가 떠나기 싫어한다고, 지상에 태어날 아기와 동행해주러 온 작은 영혼일 거라고 말했지.

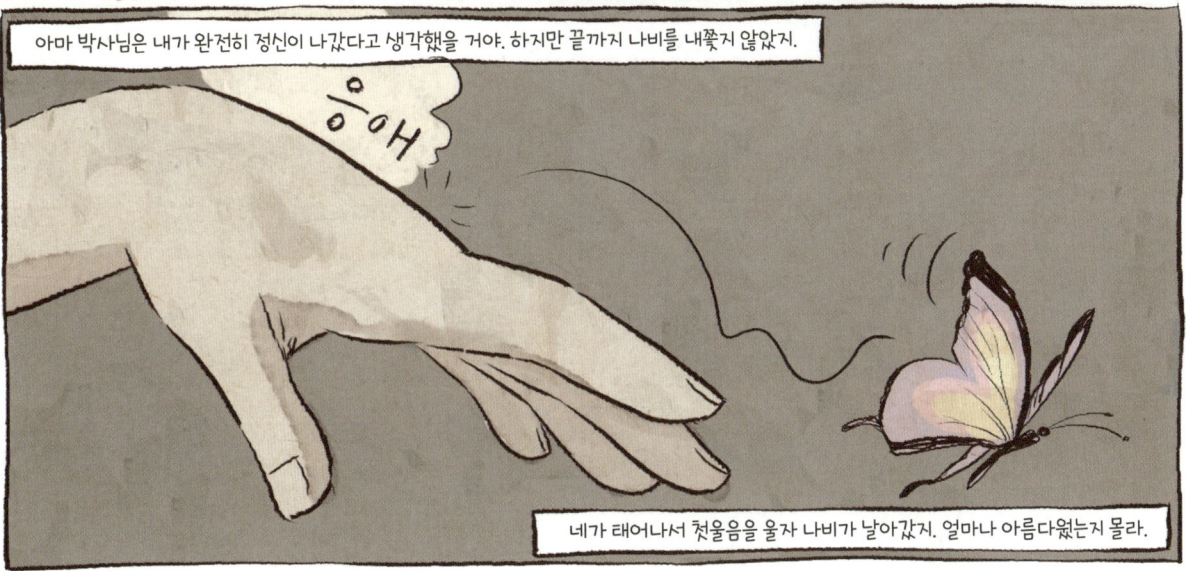

아마 박사님은 내가 완전히 정신이 나갔다고 생각했을 거야. 하지만 끝까지 나비를 내쫓지 않았지.

응애

네가 태어나서 첫울음을 울자 나비가 날아갔지. 얼마나 아름다웠는지 몰라.

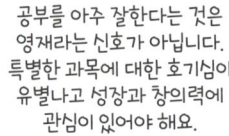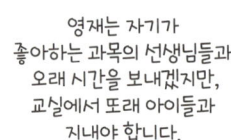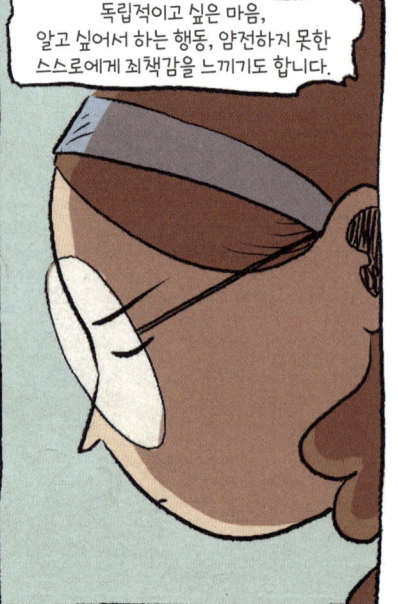

여름

L'onde Dolto

프랑수아즈 돌토, 생자크 가에서, 1986년.

© Alécio de Andrade, ADAGP Paris 2019

"진지한 일을 웃으면서 하기"

카트린 돌토

이 그래픽 노블 프로젝트를 알려왔을 때 나는 오래전 프랑스 앵테르의 제안에 우리 가족이 느꼈던 놀라움을 다시 한번 느꼈다.

유럽 1에서 〈닥터 X〉를 진행하는 일도 우리 어머니에게는 앙티브에서 내린 "생애 가장 어려운 결정"이었다. 방송이 어머니에게는 큰 영향이 없었지만 나에게는 매우 긍정적인 경험이었다. 어머니는 청취자들의 질문을 분류해서 방송국에 보내는 일을 꼭 내가 해야 한다고 고집했다. 나중에 어머니는 돌아가시기 며칠 전에도 나를 유언 집행자이자 저작권 소유권자로 지명했다. 그러면서 어머니는 "이런 일을 맡겨서 미안하다. 하지만 다른 누구에게 맡길 수 있을지 도저히 모르겠다."라고 했다.

처음 유럽 1의 사장 뤼시앵 모리스에게 상담 방송에 나를 고용하면 어떻겠냐고 말한 사람은 믿음직한 오빠 카를로스였다. 그때 나는 사회학을 공부하고 있어서 집을 떠나야 했다. 그렇게 해서 직업의 세계에 발을 들여놓았고 브뤼크베르제 신부님의 서신 작성도 담당하게 되었다. 흥미롭고 많은 것을 배울 수 있는 일이었다.

1976년에 어머니가 프랑스 앵테르의 제안을 받아들이고 또다시 나에게 청취자들의 편지를 담당하라고 했을 때는 모든 것이 바뀌었다. 철학으로 바칼로레아를 받았지만 의학을 공부하기로 했던 나는 몽페르메유 병원에서 소아과 전공을 마치고 있었다. 나는 이 병원에서 소아과 인턴이 될 때까지 모든 과를 섭렵했는데, 그래서 어머니의 요청이 특별히 반갑지는 않았다. 병원 외부에서 돈을 벌 필요가 없었고, 의사 교육 시스템을 비판한 논문을 쓰는 데 시간이 필요했던 시기였기 때문이다. 하지만 어떻게 어머니의 부탁을 거절하겠는가? 게다가 거절할 생각은 단 한 순간도 하지 않았다. 새로운 모험에 도전하는 어머니와 함께하는 것은 당연한 일이었다. 나는 많은 것을 배우리라는 것을 알고 있었고, 배우는 걸 가장 좋아하기도 했다. 어머니의 거침없는 유머가 끈끈한 모녀 사이를 더욱 돈독히 해줄 것을 알았기에 많이 웃으리라는 것도 알았다. 웃는 건 내가 배우는 것 다음으로 좋아하는 일이었다.

어머니는 자기 자신에 대해 웃을 줄 아는 것이 가장 큰 자유라고 가르쳤다. 진지한 일도 웃으면서 할 줄 알았고, 가장 심각한 상황에서도 재미있는 요소를 가려 볼 줄 알았다. 그렇게 우리는 어머니의 마지막 시간을 함께했다. 어머니의 묘비를 만들 사람을 찾는 일이 어머니와 함께 가장 크게 웃었던 기억으로 남았다. "내가 죽으면 네 시간을 아낄 수 있을 거야…." 어머니는 기쁨의 눈물이 그렁그렁한 채 말했다. 어머니는 특별한 여성이자 훌륭한 어머니였다.

어머니의 방송을 꿈꿨던 장 슈케가 프랑스 앵테르 사장 피에르 비엔의 도움과 우리 가족의 설득으로 어머니를 마이

프랑수아즈 돌토, 생자크 가에서, 1985년.
© Alécio de Andrade, ADAGP Paris 2019

프랑수아즈 돌토와 보리스 돌토, 생자크 가에서, 1978년.
© Alécio de Andrade, ADAGP Paris 2019

크 앞에 서게 했을 때, 어머니와 나는 우리를 기다리고 있을 일이 그렇게 많을 줄은 꿈에도 몰랐다. 또 방송이 불러일으킬 사회적 파장이 그렇게 클 줄도 상상하지 못했다.

그리고 자크 프라델과 프로듀서인 베르나르 그랑과의 만남은 마치 마법과 같았다. 단순하면서도 혁명적인 이야기들을 꺼내면서 매번 자크를 당황하게 했던 이상한 할머니와 대중들의 만남도 마법 같기는 마찬가지였다. 어머니는 확신과 의심, 당당한 주장과 겸손함을 적절히 섞을 줄 알았다. 이 책은 당시의 분위기를 아주 잘 표현하고 있다. 예를 들어 베르나르 그랑이 블랑셰트의 별명을 붙여준 건 그녀의 머리가 샛노란 금발 머리였기 때문이다.

우리 아버지 보리스 돌토는 책에서 보이는 것처럼 가정적인 분은 아니었다. 일벌레였고 집에도 늦게 들어왔다. 하지만 부모님의 강렬하고 부드러우면서 유머 넘치는 사랑은 책에 묘사된 그대로였다. 아버지는 어머니의 숨은 힘이었다. 어머니는 남편이 없었다면 자신은 아무것도 이루지 못했을 것이라고 말했고, 레지옹 도뇌르 훈장을 매번 마다한 것도 아버지가 먼저 훈장을 타면 받겠다는 마음 때문이었다. 하지만 러시아 출신이었던 아버지는 레지옹 도뇌르 훈장을 받기에는 너무 독창적인 사람이었다.

이 책에서 잘 드러나지 않는 것은 녹음을 위해 필요했던 작업의 양이다. 편지를 읽고 주제를 정하는 일이 처음에는 쉽고 재미있었다. 하지만 30~40쪽이 넘는 편지들이 오기 시작하자 어머니와 자크는 사연을 다 읽을 시간이 없었다. 그래서 내가 내용을 요약하고 중요한 부분은 밑줄을 그어두어야 했다. 각 편지에서 가장 문제가 되는 것을 집어내고 방송 주제를 정해줘야 자크가 방송에서 어머니와 토론을 이어갈 수 있었다. 드러나지는 않지만 부담이 되는 부분이었는데, 그런 작업을 거쳐야 편지를 쓰는 사람들에게 신뢰를 줄 수 있었다.

『아이가 태어나면』은 나에게 편지로 가득 찬 가방을 떠올리게 했다. 나는 양쪽 겨드랑이에 불룩한 가방을 하나씩 끼고 파리 시내를 누볐다. 우리는 몇 개월 동안, 주말이나 휴가 때도 쉬지 않고 녹음기를 손에 들고 사연에 매달렸다. 어머니와 나는 모든 사연에 답장을 했고, 그들에게 생각의 단서를 제공했으며 도와줄 전문가들의 연락처를 찾아 헤맸다. 블랑셰트(본명이 생각나지 않아 정말 미안하다)에게 많은 일을 주었지만 그녀는 한 번도 불평하지 않았다. 방송에 참여했던 모든 사람이 뭔가 특별한 경험, 의미 있는 경험, 우리를 더 나은 사람으로 만드는 경험을 한다는 느낌을 받았다. 놀라운 것은 그 느낌을 전 세계 수백만 명의 청취자가 같이 느꼈다는 점이다.

언론의 관심은 조금씩 우리가 감당할 수 있는 범위를 벗어났다. 어머니는 선택하지도, 고려하지도, 바라지도 않았던 명성 때문에 부담을 느꼈다. 정신 분석 과정은 어머니의 명성에 가려지고 말았다. 어머니는 탁아소 아이들을 제외하고는 결국 더 이상 진료를 보지 못하게 되는 대가를 치렀고, 그것은 어머니에게 인생의 전환점이 되었다. 성공과 함께 사람들의 질투와, 아무것도 모르면서 마치 모든 걸 안다

는 듯 말하는 사람들의 말들이 뒤따랐다. 정신분석학자들의 세계는 무자비했다. 나중에 텔레비전에 나온 사람들도 마찬가지였다. 그들은 우리가 던졌던 윤리적 질문을 스스로에게는 던지지 않았다. 방송이 폐지된 이유 중 하나는 아마도 우리가 우리를 믿어준 사람들을 존중해야 한다고 주장했기 때문일 것이다. 피에르 비엔의 후임은 "답을 하지 마세요."라고 말했고 우리는 "그럴 수는 없습니다. 우리를 믿어준 분들인데요. 우리는 치유하는 사람들입니다."라며 버텼다. 이렇게 서로 이해하지 못한 관계가 돌이킬 수 없는 상황으로 치닫게 된 원인이었다.

즐겁고도 강렬했던 우리의 대서사시를 이토록 잘 묘사한 그래픽 노블을 읽을 수 있어서 매우 기쁘다. 독자들과 그 순간을 공유하면서 내가 느꼈던 행복감을 독자들도 느낄 거라는 생각이 들었다. 이 경험이 마치 내 것이 아닌 양 읽히는 것도 놀라운 일이었다. 또 방송 대부분을 모아둔 CD를 들으면서 어머니가 부모와 자녀의 질문에 어떻게 대답하는지 듣고 싶어 초조해하는 내 모습에도 놀랐다. 그때 이미 다 들었던 대답인데 말이다.

어머니가 살아 계시다면 아마 이 책을 읽고 좋아했을 것이다. 돌아가시기 며칠 전 침대에 누운 채로 마지막 인터뷰 책과 야니크 프랑수아즈의 논문을 읽으며 좋아했던 것처럼 말이다. 어머니에 관해 쓴 야니크의 논문을 읽고 어머니는 "정말 좋구나."라고 했다. 어머니는 마치 자신에 관한 글이 아닌 듯 그의 논문을 읽었다. 그런 거리 두기 능력이 어머니가 늘 균형을 유지할 수 있었던 비결이다.

게다가 그래픽 노블이라니! 어머니는 정말 좋아했을 것이다. 제목도 〈돌토의 라디오 방송〉이니 말이다. 호기심 넘치던 열두 살 아이일 때 자유롭게 라디오를 들으려고 광석 라디오를 만들었던 어머니에게 얼마나 큰 기쁨일까!

불온한 말의 힘

2020. 3.

시즌2로 돌아온 우리는 〈아이가 태어나면〉이라는 강렬하고 숨 막히는 모험의 중심에 다시 섰다. 정신분석학자이지만 인자해 보이는 노년의 여성과 패기 넘치는 젊은 기자의 찰떡호흡이 독창적인 라디오 방송을 만들어내고, 이런 방송에 익숙하지 않은 대중에게 큰 인기를 누리게 될 줄 누가 상상이나 했을까? 상상을 했던 사람들조차도 예상을 뛰어넘는 인기에 많이 놀랐을 것이다.

이 방송은 쓰나미처럼 프랑스 사회 전체를 휩쓸었다. 부모들뿐 아니라 전문가들조차도 방송을 듣고 흥분했다. 열광하기도 했고 분노하기도 했다는 말이다. 방송이 시작되면 사람들은 운전을 멈추고, 하던 일을 멈추고, 라디오 앞에 모여들어 신선한 목소리와 너무 자명해서 설득의 힘을 갖는 대담에 귀를 기울였다. 프랑수아즈 돌토의 스타일은 누구나 이해하기 쉬웠고, 그녀의 인격 덕분에 엘리트가 아닌 계층도 쉽게 방송을 접할 수 있었다. 그녀에 관한 논쟁은 치열하기도 했지만 아동과 아동기에 관한 시각은 더 자유롭게 변화했다. 돌토 이전과 이후로 나뉜다고 해도 과언이 아니다. 물론 1980년 이후에 태어난 세대는 그 영향력을 가늠하기 어려울 것이다. 그들이 성장한 사회는 이미 돌토의 사상으로 물들어 있었기 때문이다. 이 책은 프랑수아즈 돌토가 명성을 얻고, 또 그 대가를 치러야 했던 이야기들을 들려준다.

이 그래픽노블을 읽으면서 〈아이가 태어나면〉의 역사를 다시 한번 훑게 된 나는 그 놀라운 소용돌이 속으로 다시 빨려 들어갔다. 방송은 갑작스럽게 중단되었고, 그 이유는 영원히 미스터리로 남아 있다. 방송을 끝내기로 결정한 자클린 보드리에가 비밀을 간직한 채 2009년에 세상을 떠났기 때문이다. 하지만 그 어떤 논리적이고 합리적인 이유를 대더라도 라디오 방송 역사상 길이 남을 성공을 거둔 소중한 프로그램을 절정기에 중단한 결정을 정당화할 수는 없을 것이다. 게다가 그 결정이 실행된 과정도 의아하다. 전혀 예고가 없었기 때문이다. 갑작스러운 침묵만이 강요되었으며 프랑수아즈 돌토와 청취자들의 만남은 금지되었다. 말 한마디 없이.

방송 기간은 2년에 불과했지만 그 흔적이 지워지지 않는 것은 놀라운 사회 현상이다. 1988년에 세상을 떠난 이후 프랑수아즈 돌토가 받은 심한 공격은 그녀가 사회에 미친 영향이 얼마나 큰지 가늠하게 한다. 〈아이가 태어나면〉의 갑작스러운 폐지는 그녀의 입을 막고, 가치를 떨어뜨려, 그녀가 하는 말의 중요성을 깎아내리려는 첫 번째 시도가 아니었나 싶다.

프랑수아즈 돌토는 자유롭게 사고하고 말하는 여성이었다. 그녀는 어떤 유행이나 학파에 지배되지 않았다. 그녀는 행동하는 대로 말했고, 말하는 대로 행동했으며 세간의 평은 아예 신경 쓰지 않았다. 아이들에게 제대로 귀를 기울이고 아이들이 똑똑하다고 믿으며 아이들을 존중하고 무의식의 과정을 고려하라고 주장한 그녀는 너무 민감한 영역을 건드려 그 대가를 치를 수밖에 없었다. 그 누군가에게는 그녀가 정도를 넘어도 너무 넘었던 것이다.

대중은 지치지 않는 애정으로 그녀를 사랑했다. 지금도 그 애정의 깊이를 알 수 있을 정도이다. 대중은 그녀에게 놀랐고 그녀는 대중을 일깨워 문제를 풀 열쇠를 건네주었다. 그녀는 대중이 똑똑하다는 것을 믿었다. 그녀의 성공과 청취자들의 마음속에 그녀가 차지한 특별한 자리는 그녀를 훌륭한 펀칭백으로 만드는 결과를 가져왔다. 모든 잘못을 받아냈던, 그리고 지금도 받아내고 있는 펀칭백.

프랑수아즈 돌토는 누군가에게는 거짓말과 고의적인 비방을 동원해서라도 넘어뜨려야 할 허수아비가 되었다. 그녀가 쓸데없는 죄의식과 적극적인 책임감을 구분하라고 했기 때문이다. 사람들은 그녀가 '어린 황제'를 부추겼다고 비난했다. 아이가 하고 싶은 대로 내버려두고, 부모가 주는 관심의 중심이 되어야 한다고 말했다는 것이다. 하지만 그녀는 아이가 부부의 저변에 있어야 한다고 썼으며, 아이를 교육해야 한다고 분명히 설명했다. 즉 제지하고, 방향을 제시하고, 필요할 때는 벌을 주어야 한다고 말이다. 사람들은 그녀가 말하지도 않은 것으로 그녀를 비난한다. 아마도 그녀의 글을 읽지도, 그녀의 말을 듣지도 않았기 때문일 것이다. 그들은 거짓말을 하고 배신하고 말을 만들어내거나 맥락을 배제하는 속임수를 썼다. 엘리자베트 브라미와 파트리크 들라로슈는 『돌토, 부모가 되는 기술』(2014)에서 그런 비난이 모두 잘못되었음을 증명한 바 있다.

요즘 프랑수아즈 돌토는 아동성애를 찬성했다는 비난을 받는다. 그러나 그는 근친상간과 아동성애를 금지할 것을 늘 큰 소리로 외쳤고, 그런 위험이 있을 때 아이들이 스스로를 방어할 수 있도록 잘 알려주어야 한다고 주장했다. 사람들은 완전히 다른 내용을 고의적으로 해를 가할 목적으로 혼동하고 있다. 그녀가 감옥에 간 아동성애자들이 풀려나도록 청원서에 서명했다는 소문이 있지만, 그것은 사실이 아니다. 그녀는 형법 개정위원회에 보내는 공개서한에 서명해서 성관계에 동의할 수 있는 나이를 15세로 낮추자고 했다. 이 서한은 〈아이가 태어나면〉이 방송될 때 발송되었고 프랑수아즈 돌토가 이에 관해 편향적인 기사를 쓴 『미뉘트』에 보낸 답변은 의심의 여지가 없다(244~245쪽 참조).

대다수 전문가와 마찬가지로 그녀는 아이들도 아주 어릴 때부터 성적 욕망이 있다고 말했는데, 이 때문에 그녀가 가해자들을 지지한다고 말하는 사람들이 있다. 프랑수아즈 돌토는 항상 가해자들을 비난했지만 이 상황을 악용하는 사람들이 있다. 그러한 비난과 학문적인 배신은 놀랍다. 정신분석학을 몰아내려는 대학의 움직임도 현실적인 설명이 되겠지만, 그 역시 부분적인 설명일 뿐이다.

프랑수아즈 돌토를 깎아내리는 것은 트로피를 거머쥐는 것과 같다. 그녀는 손쉬운 먹잇감이다. 세상을 떠나 이제는 자기를 변호할 수 없으니 말이다.

그러나 반복되는 비난의 원인을 좀 더 심오한 메커니즘 속에서 찾아야 할 것이다. 돌토처럼 아이들에게 자리를 내어주는 것은 아이를 주체로 대하고, 아이의 지성에 호소하며, 자기 삶의 주체로서 존중해주고, 무의식의 메커니즘을 믿는다는 것인데, 이는 1975년보다 더 많은 사람을 불편하게 한다. 욕망이 있는 주체로서의 아이, 자기 삶의 주체로서의 아이라는 아이디어는 불온하다. 그것은 어른들에게 더 잘 팔리고 덜 불편하게 하는 요즘의 단순한 아이의 이미지와 정면으로 부딪친다. 프랑수아즈 돌토의 생각은 아이를 유혹의 욕망이 없고 자신의 사고가 없는 작은 소비자로 만들려는 사회를 뒤흔든다.

인간은 복잡한 존재다. 개인은 많은 모순을 안고 살지만 그것을 인식하는 경우는 드물다. 모든 연령대에서 의식, 정신분석학자들이 생각하는 무의식, 무의식적 인지는 경계가 불분명하게 뒤섞인다. 인간이 주변 세계, 가까운 사람들과 맺는 관계는 이분법적으로 표현될 수 없다. 때로는 모순적인 여러 층위를 동시에 고려할 수 있는 복잡한 사고가 필요하다. 프랑수아즈 돌토는 이렇게 말했다. "아이들의 말을 제대로 들을 줄 아는 사람이 혁명가이다." 그녀는 많은 분야에서 혁명가였다.

그녀는 그 무엇도 단순화시키기를 거부했지만, 핵심을 뽑아내 이해하기 쉽고 다루기 쉽게 만들 줄 알았다. 아이와 어른이 서로를 이해할 수 있으며 그로 인해 어른이 비생산적인 권위주의에 빠지지 않고 편하게 권위를 내세울 수 있다고 주장했다. 어른과 아이의 혼란스러운 행동 속에서 그녀는 절대 극적으로 치우치지 않고 본질을 간파할 줄 알았다. 자기 생각을 과감히 말할 줄 알았고, 사람들에게 진실을 말할 것을 요구했다. 지금은 용서받을 수 없는 입장이었다.

델쿠르와 쇠이유 출판사에 깊은 감사를 전한다. 두 출판사는 큰 성공을 거둔 인간적인 라디오 방송을 생생하고 쉽게 전달할 아이디어를 내주었다. 많은 자료 조사와 완벽한 글쓰기 작업을 해준 세브린 비달과 아름다운 그림 작업을 해준 알리시아 하라바에게도 감사의 마음을 보낸다. 만화 주인공이 되는 것은 쉽지 않은 일인데, 두 작가 덕분에 나는 특권을 누렸다.

이 작품을 통해 프랑수아즈 돌토의 일상생활과 투쟁을 살펴볼 수 있으며, 또한 올바름이야말로 그녀가 가장 중요하게 생각한 가치였음을 확실히 알 수 있을 것이다.

"돌토를 처음 만난 날 프랑수아즈가 나타났다"

세브린 비달

거의 여름이 된 계절의 어느 날 이 책의 기획안이 나에게 찾아왔다. 나는 진짜 놀랐다. 돌토라는 이름이 가장 먼저 눈에 띄었고, 그와 함께 흐릿한 먼 기억이 떠올랐다. 장식 없는 조끼에 진주 목걸이를 한 여인이 텔레비전에 나와 능수능란한 진행자 피보와 대면하는 장면이었다. 『아이들의 대의』와 『청소년을 위한 말 혹은 바닷가재의 콤플렉스』를 다루었던 것으로 기억한다. 돌토가 중요한 사람이라는 것은 막연히 알았지만 체감하지는 못했다. 그녀가 가수 카를로스의 어머니이고 그녀의 딸이 의사이자 어릿광대 역을 한 배우라는 건 알고 있었지만 그뿐이었다. 기획안은 『아이가 태어나면』 3권을 그래픽 노블로 만들자는 것이었다. 『아이가 태어나면』은 1970년대 말에 돌토 박사가 유명세를 얻었던 라디오 방송을 바탕으로 만들어진 책이다.

나는 선입견 없이 작업에 착수했다. 몇 주 동안 가능한 선에서 많이 읽고, 듣고, 보았다. 그러면서 프랑수아즈 돌토를 아는 법, 그녀의 말과 그녀의 영향력을 이해하는 법을 배웠다. 그런데 돌토를 처음 만난 날, 프랑수아즈가 나타났다. 프랑수아즈는 유머가 넘치고 솔직하며 과거와 아픔이 있는 인간이었다. 그의 딸 카트린이 그런 어머니에 대해 잘 설명했다.

돌토는 틀릴 권리를 외치는 여성이었다. 그녀의 생명력 넘치는 말은 나를 매료시켰다. 나는 그녀의 연구가 소아학과 정신분석학에 얼마나 기여했는지, 그리고 그녀가 얼마나 혁명적인 사람이었는지 이해할 수 있었다. 그녀는 어린이를 바라보는 방식을 완전히 바꾸어놓았다. 기존의 부모와 자녀 관계를 해체하고, 아동은 인간이며 언어의 존재이고 이해할 줄 아는 타자라고, 우리는 아동의 말과 눈물과 침묵을 들을 수 있다고, 지금은 아주 단순하고 자연스러워 보이는 사실을 과감하게 말했다.

프랑스 앵테르의 주파수를 타고 첫 방송이 시작되었던 때는 아파서 입원한 아기들이 고통받을 수 있다는 인식조차 하지 못하던 시절이었다. 사람들은 아기들이 살아 있는 존재라고 말하는, 작은 몸집에서 에너지를 내뿜는 여자를 이상한 눈으로 바라보았다. 그녀의 방송을 당시의 맥락으로 파악하고 방송의 성공과 사람들이 그녀의 제안을 받아들이는 방식을 소개하면서, 우리가 그녀에게 얼마나 빚지고 있는지 잘 모르는 젊은 부모들에게 그녀를 알리는 기회가 되기를 겸손한 마음으로 바란다. 얼마 전 만난 청소년이 내게 "선생님의 돌토는 읽어볼 만해요."라고 말했듯이.

(실제로는 "선생님의 돌토는 정말 터프한데요."라고 했다.)

크로키와 그림 구상

알리시아 하라바

encrage marqueur 0.3 sans texture

encrage marqueur 0.1 avec texture

encrage pinceau

encrage pinceau

참고문헌

쇠이유 출판사

『아이가 태어나면 Lorsque l'enfant paraît (trois tomes)』
『정신분석과 소아학 Psychanalyse et pédiatrie』
『어린이는 어떻게 어른이 되는가 Enfances』
『정신분석학자의 자화상 Autoportrait d'une psychanalyste』
『부모가 헤어질 때 Quand les parents se séparent』

갈리마르 출판사

『모든 것이 언어다 Tout est langage』
『청소년을 위한 말 혹은 바닷가재의 콤플렉스 Paroles pour adolescents, ou Le Complexe du homard』(카트린 돌토, 콜레트 페르 공저, 슈미니에 참여)
『아동기의 중요한 단계들 Les Étapes majeures de l'enfance』
『교육의 길 Les Chemins de l'éducation』(논문집)
『삶의 어려움 La Difficulté de vivre』
『젊은 시절의 편지 : 서간문, 1913~1938년 Lettres de jeunesse : correspondance, 1913-1938』
『편지의 삶 : 1938-1988년 Une vie de correspondance : 1938-1988』

로베르 라퐁 출판사

『아이들의 대의 La Cause des enfants』
『청소년들의 대의 La Cause des adolescents』

메르퀴르 드 프랑스 출판사 ('프티 메르퀴르' 시리즈)

『죽음에 관하여 말하기 Parler de la mort』
『아이들에게 올바르게 말하기 Parler juste aux enfants』
『외로움에 대해 말하기 Parler de la solitude』
『어머니와 딸, 서간문(1913~1962년 Mère et fille, une correspondance (1913-1962)』(프랑수아즈 돌토가 어머니와 나눈 편지 모음집)

오디오 자료

- 라디오 방송 CD (프레모)

비디오 자료

- 프랑수아즈 돌토, 엘리자베트 코로넬과 아르노 드 메자마가 제작한 다큐멘터리 3편(프랑스 3에서 방영), DVD 아바카리스 필름 & 갈리마르, 2005년
  부록 〈모 마노니, 언급〉
  다큐멘터리 3편의 초판(1994년)은 1997년 아카데미 샤를 크로 대상을 수상했다. 프랑수아즈 돌토의 저작, 그녀가 서문을 쓴 책들과 그녀를 다룬 책들을 정리한 참고문헌이 포함되어 있다.
  — 너는 태어나기를 선택했다
  — 진실 말하기
  — 두려워하지 마
- 베르나르 피보의 인터뷰, 프랑수아즈 돌토 편, 갈리마르와 INA 공동 출판, 1987년
- 〈프랑수아즈 돌토와 라 뇌빌 학파〉, 파비엔 도르톨리와 마셀 암람 제작, 프레모 출판, 2008년.
- 프랑수아즈 돌토가 말하는
  — 정신분석학 (정신분석학자 조르주 쥐트네르 참여)
  — 기원 (정신분석학자 미셸 몽트를레 참여)
  — 교육 (파비엔 도르톨리와 미셸 암람 참여)
  아르노 드 메자마이 아바카리스 필름이 프랑스 5 채널을 위해 2008년에 제작 및 촬영. DVD 아바카리스 필름, 2012년, 〈정신분석학과 사회〉 시리즈.
- 프랑수아즈 돌토, 삶의 욕망, 2008년 세르주 르 페롱 연출 TV 영화, 조지안 발라스코 주연.

좋은 기회를 준 루이-앙투안, 글을 써준 세브린에게 고마움을 전합니다.
로렌 드 라 크롱프와 엘사 로젠베르제에게도 감사드립니다.
페르는 기술적 도움을 주었습니다.
매직 니플 스튜디오(그리고 빅토르)는 255쪽에 이르는 그림을 그리는 동안 매일 저를 지지해주었습니다.

- 알리시아 하라바

코로나19로 이동제한령이 시작될 때 이 책을 마감했습니다.
그런 상황은 초현실적이면서도 안도감이 밀려왔습니다. 언젠가 서점이 다시 문을 열고 사람들이 책을 사는 날이 올 거라는 뜻이니까요.
델쿠르 팀과 저를 믿어준 루이-앙투안 뒤자르댕, 수정 작업 동안 많이 참아준 로렌 드 라 크롱프에게 감사합니다.
엘사 로젠베르제는 매의 눈으로 실수들을 잡아주었습니다.
우리가 더 잘 이해할 수 있도록 어머니를 생생하게 묘사해준 카트린 돌토에게도 고마움을 전합니다. 그녀는 항상 주의 깊고 사려 깊었습니다.
그리고 알리시아에게도 고맙습니다. 얼마나 긴 마라톤이었는지!

- 세브린 비달

140쪽 그림 사용을 허락해준 엘리와 아비가엘에게 감사의 말을 전합니다.

- 세브린 비달, 알리시아 하라바

• 94쪽 사진은 돌토 가족이 제공했습니다.

글 세브린 비달

1969년 태어나 프랑스 지롱드에 거주 중이다. 2010년에 탈랑 오 출판사에서 첫 번째 청소년 소설을 출간한 것을 시작으로 2011년부터 전업 작가가 되어 여러 권의 소설과 만화, 만화 스토리를 집필했다. 여러 나라에 많은 작품이 번역되었으며 다수의 상을 수상했다. 초등학교, 중학교, 고등학교와 사회복지센터 등에서 글쓰기를 위한 워크숍도 진행하고 있다.

그림 알리시아 하라바

1988년 출생한 알리시아 하라바는 스페인 비고 출신의 만화가로 산티아고 데 콤포 스텔라 대학에서 스페인 및 프랑스 언어와 문학을 공부한 후 마드리드에 있는 ESDIP 학교에서 1년 동안 만화 과정을 수강하였다. 2015년부터 정글 에디션의 디자이너로 근무했으며 2018년에는 『Détectives du Supernaturel』(N. M. Zimmermann 대본) 1권을 출판한 바 있다. 현재는 Delcourt 에디션의 그래픽 소설을 그리고 있다.

해설 카트린 돌토

아동 심리학의 대가이자 정신분석가 프랑수아즈 돌토의 딸로 역시 프랑스에서 가장 영향력 있는 어린이 심리학자 중 한 명이다. 심리학뿐만 아니라 희곡과 사회학, 의학 등 다방면을 수학했으며, 어린이 심리 치료 및 감성 교육과 관련해 프랑수아즈 돌토와 함께 많은 작업을 진행했다. 저서로는 프랑수아즈 돌토, 콜레트 페르, 슈미니에와 함께 쓴 『청소년을 위한 말 혹은 바닷가재의 콤플렉스』, 심리학자, 산부인과 의사, 영양학자, 정신분석학자들과 함께 쓴 『사춘기 이야기 *Dico Ado*』 등이 있다.

번역 권지현

한국외국어대학교 통역번역대학원 한불과와 파리통역번역대학원(ESIT) 번역부 특별과정을 졸업했다. 동 대학원 박사과정을 마치고, 현재 이화여자대학교 통역번역대학원에서 강의를 하고 있다.
옮긴 책으로 『르몽드 세계사』, 『아이 마음 속으로』, 『시몬 드 보부아르』, 『그래픽노블 제1차 세계대전』, 『그것은 참호전이었다 1914~1918』, 『스티브 맥커리』, 『평화의 사진가』, 『익명의 엄마들』 등이 있다.

아이가 태어나면
프랑스식 육아의 선구자 돌토 박사의 라디오 상담

초판 1쇄 발행 2021년 9월 27일

지은이	글 세브린 비달, 그림 알리시아 하라바, 해설 카트린 돌토
옮긴이	권지현

펴낸곳	신북스
펴낸이	강신덕
등록	제396-2019-000181호
주소	경기도 고양시 일산동구 백마로 195, 섹션동 6층 6002호 고양경기문화창조허브
모바일 팩스	0504-326-2880
이메일	spysick@shinbooks.com
홈페이지	www.shinbooks.com

편집	이홍림, 임종세
디자인	임경선
인쇄·제책	영신사

ⓒ 신북스, 2021. Printed in Korea

값 25,000원
ISBN 979-11-9686-922-9 (07180)

• 책값은 뒤표지에 적혀 있습니다.
• 잘못된 책은 구입처에서 바꿔드립니다.
• 이 책의 한국어판 저작권은 EDITIONS DELCOURT, GROUPE DELCOURT사와 독점 계약한 신북스에 있습니다.
• 저작권법에 의해 한국 내에서 보호를 받는 저작물이므로 무단 전제 및 무단 복제를 금합니다.

＊Cet ouvrage a bénéficié du soutien des Programmes d'aide à la publication de l'Institut français.
＊이 책은 프랑스문화원의 출판번역지원 프로그램의 도움으로 출간되었습니다.